Golwg ar ddrama,

gyda sylw penodol i *Siwan*

Glenys Hughes

PRIFYSGOL
ABERYS

Noddwyd gan Lywodraeth Cynulliad Cymru.

Gwefan: www.caa.aber.ac.uk

ISBN: 978-1-84521-260-5

Awdur: Glenys Hughes
Golygwyd gan Delyth Ifan
Darluniwyd gan Graham Howells
Dyluniwyd gan Richard Huw Pritchard
Argraffwyd gan Y Lolfa

COLEG SIR GAR	
Dawson	22-10-08
	4-00

Cydnabyddiaethau

Diolch i: Cath Holgate, Shoned Wyn Jones, Delyth Rees ac Angharad Thomas am eu harweiniad gwerthfawr.

Diolch hefyd i athrawon Adrannau'r Gymraeg yn yr ysgolion canlynol am dreialu'r deunydd ac am eu sylwadau adeiladol: Ysgol Basaleg, Ysgol Uwchradd Caergybi, Ysgol Penfro, Ysgol Uwchradd Penglais, Aberystwyth.

Diolch arbennig i'r canlynol am ganiatâd i ddyfynnu o'r dramâu:

Mrs Mair Jones (*Cymru Fydd, Siwan*)
Gwasg Carreg Gwalch (*Traed Rhydd*)
Gwasg Gomer (*Y Tŵr*)
Gwasg Prifysgol Cymru (*Diwéddgan, Wrth Aros Godot*)

CYNNWYS

RHAGAIR

Pwrpas y llyfr yma ydy dy helpu i ddeall ac i allu siarad yn hyderus am y ddrama *Siwan* gan Saunders Lewis. Bydd y canllawiau pwysig a'r wybodaeth gyffredinol ar ddechrau pob adran yn help i ti werthfawrogi dramâu eraill. Cyn dechrau darllen y llyfr yma byddi wedi darllen y ddrama *Siwan* yn y dosbarth.

Bydd y llyfr yma yn helpu ar gyfer:

■ deall y cefndir

■ dysgu am beth sy'n gwneud drama dda

■ gallu trafod yn hyderus a chyfeirio at y ddrama a thestunau eraill

Mae'n bwysig dy fod yn:

■ gwybod y ddrama yn dda

■ gallu cyfeirio at rannau ohoni wrth drafod gwahanol bwyntiau

■ gallu dyfynnu cymaint â phosib i gefnogi pwynt

■ gallu cysylltu cynnwys a themâu *Siwan* gyda chynnwys a themâu testunau eraill.

Mwynha'r ddrama!

canllaw/iau – *guidelines*	gwerthfawrogi – *(to) appreciate*
cefndir – *background*	hyderus – *confident*
cyfeirio – *(to) refer to*	testun/au – *text/s*
cynnwys – *content*	trafod – *(to) discuss*
dyfynnu – *(to) quote*	thema/themâu – *theme/s*
dyfyniad/au – *quotation/s*	

GEIRIAU PWYSIG

Dyma rai geiriau pwysig.
Mae geirfa fwy arbenigol yn yr adrannau.

arbenigol	*specialized*

awyrgylch/mŵd	*atmosphere*
cam/au	*step/s*
cefndir hanesyddol	*historical background*
cymeriad/au	*character/s*
daearyddiaeth	*geography*
eironi	*irony*
gwrthdaro	*conflict*
gwrthgyferbyniad	*contrast*
gwybodaeth	*information*
iaith	*language*
symbolaeth	*symbolism*
tystiolaeth	*evidence*
ymarfer	*practise*

BYDD TRI CHAM DYSGU YMHOB ADRAN

CAM 1

GWYBODAETH

Beth mae rhaid i ti **wybod** am y canlynol:

CEFNDIR HANESYDDOL A DAEARYDDOL

CYMERIADAU

GWRTHDARO

GWRTHGYFERBYNIAD

THEMÂU

SYMBOLAETH / DELWEDDAU

EIRONI

IAITH

AWYRGYLCH / MŴD

CAM 2

TYSTIOLAETH

Bydd y dyfyniadau yn yr adran yma'n cefnogi'r wybodaeth yn Cam 1.

Darllena'r dyfyniadau	Sylwa ar bwy sy'n siarad	Dysga rai dyfyniadau

2

YMARFER

Ymarfer siarad am y ddrama

CAM I + CAM 2 = SIARAD

GWYBODAETH TYSTIOLAETH YMARFER

Yn fy marn i …
Dw i'n meddwl/credu bod/ei fod o/e / ei bod hi …
Dw i ddim yn meddwl/credu bod …
Teimlaf / Credaf fod …
Cymeriad … ydy …
Ceir tystiolaeth o hyn yng ngeiriau … / yn y testun lle
mae …
Ar ddechrau / Ar ddiwedd Act 1 rydyn ni'n gweld/
clywed/casglu bod …
Mae hyn yn awgrymu …
Dw i'n dweud hyn achos …
Ceir llawer o enghreifftiau o …
Wyt ti'n cytuno gyda hyn?
Beth wyt ti'n feddwl?

Hanes a daearyddiaeth Cymru yn y cyfnod pan roedd Llywelyn yn dywysog ar lawer o dir Cymru (rhwng 1230 a 1240)

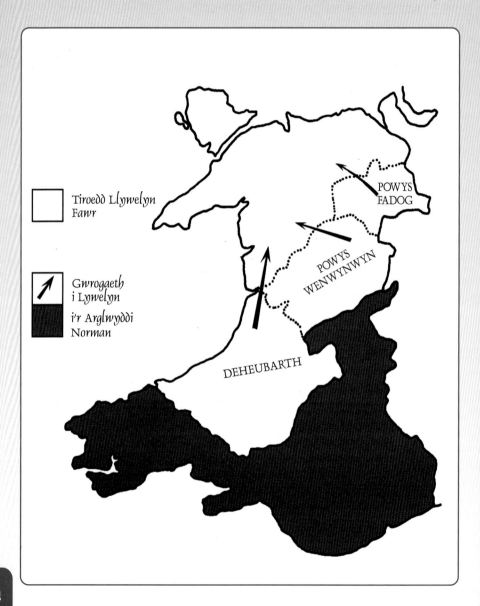

Tiroedd Llywelyn Fawr

Gwrogaeth i Lywelyn

i'r Arglwyddi Norman

POWYS FADOG

POWYS WENWYNWYN

DEHEUBARTH

arglwydd/i	*lord/s*
brenin	*king*
brwydro	*(to) fight*
cyfeillgarwch	*friendship*
cyfnod	*era, period*
cystadleuaeth	*competition*
cystadlu	*(to) compete*
dylanwad	*influence*
ffin/iau	*border/s*
gwahanu	*(to) separate*
iaith	*language*
llys canoloesol	*medieval court*
perchen	*(to) own*
priodas	*wedding*
priodi	*(to) marry*
rhyngddynt	*between them*
teyrnas	*kingdom*
teyrnasu	*(to) reign*
tir	*land*
tywysog	*prince*
tywysoges	*princess*
trefnu	*(to) arrange*
uchelgais	*ambition*
y Mers	*the Marches*

1. Roedd Cymru'n edrych fel jig-so.

2. Roedd Llywelyn Fawr (Tywysog Llywelyn ap Iorwerth) yn teyrnasu yng Ngwynedd. Roedd gan lawer o arglwyddi eraill dir yng Nghymru hefyd.

3. Roedden nhw'n cystadlu yn erbyn ei gilydd. Roedd y ffiniau'n newid yn aml.

4. Yn Lloegr roedd y Brenin John yn teyrnasu. Roedd cyfeillgarwch rhwng y Brenin John a Llywelyn Fawr yn bwysig.

5. Rhwng Lloegr a Chymru roedd y Mers – y darn o dir oedd yn gwahanu Cymru a Lloegr. Roedd y Mers yn bwysig i Llywelyn ac i Frenin Lloegr.

6. Pwy oedd Siwan? Roedd hi'n ferch i'r Brenin John ac yn chwaer i'r Brenin Harri – brenin Lloegr erbyn cyfnod y ddrama.

7. Yr iaith roedd Siwan yn siarad yn ei chartref yn Lloegr oedd Ffrangeg.

8. Priododd Llywelyn a Siwan yn 1205 pan roedd hi'n ddeg oed. Symudodd hi i fyw gyda Llywelyn yn 1210. Dysgodd siarad Cymraeg.

9. Uchelgais Llywelyn a Siwan oedd gweld Dafydd eu mab yn etifeddu'r deyrnas.

10. Mae'r ddrama'n digwydd yn y llys canoloesol yma. Roedd llawer o ddylanwad Ffrangeg ar lys Llywelyn.

a **S**IWAN   "Merch i frenin oeddwn i. Yn bymtheg oed
Mam i dywysog a llysgennad Aberffraw."(tud. 37)

b **A**LIS   "'Dydyn' nhw ddim yn 'nabod eich llys chi, *ma dame*."
(tud. 34)

c **G**WILYM   "Fe ffurfiaist dy Dywysog yn un ohonom ni,"(tud. 41)

ch **A**LIS   "Mi drois yr awrwydr ar ei ben, a gwelwch,
'dydy'r tywod
Ddim eto dros ei hanner yn y cafn;" (tud. 34)

d **S**IWAN   "Mae Brewys heb aer.
'Does neb ond ef yn sefyll rhwng Hubert a Gwynedd,
Neb ond efô rhwng Hubert a Dafydd dy fab." (tud. 52)

dd **S**IWAN   "Gwyddost mor fregus yw iechyd iarll Caerloyw:
Os bydd ef, Gilbert, farw, fe syrth Morgannwg
Yn gyfan i afael Hubert. Bydd ganddo yng Nghymru
Deyrnas nid llai na Gwynedd." (tud. 52)

e **LL**YWELYN Gwleidyddiaeth oedd ein priodas ni, arglwyddes,"
(tud. 80)

f **A**LIS "'Roedd y galiard yng ngolau'r lleuad ... fel dawnsio
hud a lledrith tylwyth teg." (tud. 35)

ff **A**LIS "Mae hi eisoes yn galan Mai.
Bydd y llanciau a'r llancesi draw ar y bryniau
Yn dawnsio law yn llaw o gwmpas y fedwen ... "
(tud. 37)

g **S**IWAN "Fe gyfyd y Mers fel bleiddiaid ..." (tud. 78)

ng **G**WILYM "Mi gymeraf gannwyll i weld 'ydy' milwyr dy borth
di'n symud." (tud. 50)

h **S**IWAN "Heddiw, pan ddaw golau dydd, bydd fy mrawd yn
hwylio i Ffrainc." (tud. 38)

1 Darllena'r wybodaeth yn y bwledi yn  (1 > 10);
cysyllta'r wybodaeth gyda'r dyfyniadau yn ⊤ .

e.e. Mae dyfyniad **c** yn cysylltu gyda rhif 10

Pam wyt ti'n
dweud hyn?

help

2 Gwna grid gyda gwybodaeth o a .

Gwybodaeth am Gymru yn ystod y cyfnod

Cymru a Lloegr a'r Mers

Priodas Llywelyn a Siwan

Bywyd yn y llys

Gwybodaeth am Gymru yn ystod y cyfnod	Cymru a Lloegr a'r Mers	Priodas Llywelyn a Siwan	Bywyd yn y llys
e.e. Roedd tir Cymru yn edrych fel jig-so.			

ADRAN 2

Y CYMERIADAU

SUT BOBL YDYN NHW?

Ydyn nhw'n hapus?

Ydyn nhw'n drist?

Ydyn nhw'n unig?

Ydyn nhw'n siomedig?

Sut berthynas sy ganddyn nhw gydag eraill?

Beth ydy eu cefndir?

SUT WYT TI'N GWYBOD HYN?

eu geiriau nhw yn y ddeialog

ymateb cymeriadau eraill iddynt

1. Beth mae geiriau Llywelyn yn awgrymu?
"Roedd mynydde'r blynydde rhyngom..." (tud. 82)

2. Beth wyt ti'n ddysgu am gefndir Alis yn ei geiriau?
"'Chysgais i 'rioed ond yn un o nifer ar lawr." (tud. 56)

3 Darllena'r dyfyniad o'r ddrama *Y Tad a'r Mab* gan John Gwilym Jones.
Pa un o'r cymeriadau ydy'r mwyaf hyderus? Pam wyt ti'n dweud hyn?

Gwyn: Helo …

Pegi: Helo, ddywetsoch chi?

Gwyn: Ia …helo …

Pegi: O, wel … helo …

Gwyn: Mae'n … mae'n …

Pegi: Isio deud ei bod hi'n noson braf ydach chi?

Gwyn: Ia … mae'n noson braf.

(tud. 25)

Mae cymeriadau yn gallu bod:

yn aeddfed	*mature*
yn barchus	*respectable*
yn blentynnaidd	*childish*
yn brofiadol	*experienced*
yn bwyllog	*prudent*
yn dangos gofal dros eraill	*caring*
yn deimladwy	*sensitive*
yn drachwantus am dir	*greedy for land*
yn ddibrofiad	*inexperienced*
yn ddiniwed	*innocent*
yn falch	*proud*

yn feiddgar	*bold/daring*
yn fentrus	*venturesome*
yn forwyn	*a maid*
yn fusneslyd	*meddlesome*
yn garcharor	*imprisoned*
yn genfigennus	*jealous*
yn graff	*perceptive*
yn hen	*old*
yn herio	*challenging*
yn hyderus	*confident*
yn hŷn	*older*
yn iau	*younger*
yn ifanc	*young*
yn llysgennad	*an ambassador*
yn negesydd	*messenger*
yn olygus	*handsome*
yn osgeiddig	*graceful*
yn rhamantus	*romantic*
yn rhyfygus	*reckless*
yn swil	*shy*
yn uchelgeisiol	*ambitious*
yn unig	*lonely*
yn urddasol	*dignified*
yn wahanol i	*different to*
yn weddw	*widowed*
yn wenieithus	*flattering*
yn wleidydd	*a politician*
yn wyllt	*wild / mad*
yn ymwybodol o gyfrifoldeb	*aware of responsibility*

Oes gen ti awgrymiadau eraill?

SIWAN

a $\int$IWAN "'Fuost ti gyda'r llanciau, Alis?" (tud. 37)

b $\int$IWAN "O ffenest' llofft fy ngharchar
… mi welwn Dindaethwy a Llanfaes
A'r brain yn codi a disgyn ar y coed ger
eglwys Catrin;
'Roedd gweld eu rhyddid digerydd yn falm i
galon carcharor." (tud. 87)

c $\int$IWAN "Mae arfer chwarter canrif yn fy nhynnu'n ôl." (tud. 86)

ch $\int$IWAN "Bûm wraig a chywely iti ugain mlynedd;
Rhoddais iti etifedd, rhoddais iti ferched,
Llywyddais ar dy dŷ," (tud. 79)

d $\int$IWAN " … Ond rhaid mynd i ryfel
Fel y bydd ennill hefyd yn anochel;
Mae etifeddiaeth Dafydd yn y fantol." (tud. 76)

13

dd	**S**IWAN	"Gwyddost mor fregus yw iechyd iarll Caerloyw: Os bydd ef, Gilbert, farw, fe syrth Morgannwg Yn gyfan i afael Hubert." (tud. 52)
e	**S**IWAN	"A'r goron drom ar fy mhen?" (tud. 35)
f	**S**IWAN	"Sant Ffransis a garai'r bleiddiaid, gweddïa dros fy mlaidd." (tud. 64)
ff	**A**LIS	"Mae hi wedi newid, f'arglwydd. … 'Churodd hi monof i ers blwyddyn gron." (tud. 70)
g	**G**WILYM	"Ac yn cerdded neuaddau brenhinoedd fel Helen o Droea?" (tud. 40)
ng	**S**IWAN	"Rhag chwalu 'mywyd Mi ymdeflais i waith gŵr ac i waith fy ngŵr." (tud. 40)

Pa fath o berson ydy Siwan?

1. Edrycha ar y geiriau disgrifio yn [G] ar dudalennau 11 a 12.
Gwna restr o'r rhai sy'n disgrifio Siwan. **Dysga nhw.**

2. Darllena'r dyfyniadau yn [T] **sawl gwaith – yn uchel.**

Allan o'r rhestr geiriau disgrifio yn [G] ar dudalennau 11 a 12,
dewisa eiriau sy'n cysylltu gyda phob un o'r dyfyniadau.
Cofia roi rhesymau dros dy ddewis.

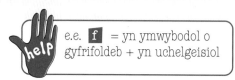

e.e. **f** = yn ymwybodol o gyfrifoldeb + yn uchelgeisiol

3 Mae'r cwestiynau nesa yn mynd i dy atgoffa am y cliwiau yn y dyfyniadau yn [ ] ond dylet ystyried y ddrama i gyd.

Cofia, mae hyn yn rhywbeth personol iawn ac efallai bydd gen ti gliwiau gwell.

atgoffa	(to) remind
cliw/iau	clue/s
ystyried	(to) consider
fel gwleidydd	like a politican
meddwl craff	perceptive mind
ymddangosiad	appearance
tynerwch	gentleness
dangos	(to) show
rhyddid digerydd	unpunished freedom
urddas	dignity
cofia	remember

Oedd Siwan:

yn hapus?

yn chwerw?

yn unig?

yn dangos cyfrifoldeb?

yn dangos hiwmor a thynerwch?

Sut wyt ti'n gwybod?

Roedd gan Siwan feddwl craff. Pa eiriau sy'n dangos hyn?

Ydy hi'n falch ac yn cadw ei hurddas trwy'r ddrama? Ble mae tystiolaeth o hyn?

15

Beth am ei hymddangosiad? Sut wyt ti'n ei dychmygu hi? Mae Gwilym Brewys yn cymharu Siwan â rhywun. Pwy?

Ydy Siwan yn newid yn ystod y ddrama? Ble mae'r dystiolaeth?

Oedd ganddi uchelgais i Dafydd? Sut wyt ti'n gwybod?

Yn y dyfyniad cyntaf mae hi'n sôn am "fy ngharchar". Sut wyt ti'n meddwl roedd hi'n teimlo yn y carchar? Pam mae'r geiriau "rhyddid digerydd" yn ddisgrifiad mor dda o'r adar ac yn dweud llawer am ei bywyd hi?

ALIS

ⓐ **A**LIS "On'd oedd y dawnsio'n hyfryd ar y lawnt?" (tud. 34)

ⓑ **A**LIS "A ga' i ollwng eich gwallt chi a'i gribo 'rwan ..." (tud. 35)

c **A**LIS "Pan edrycha' i ar Wilym Brewys,
Mor ifanc a hoyw a chwerthinog,
Ail Trystan y gwela' i ef ..." (tud. 36)

ch **S**IWÂN "Fuost ti gyda'r llanciau, Alis?"

ALIS "Wrth gwrs, yn bymtheg oed ...
'Fuoch chi ddim erioed dan y fedwen?" (tud. 37)

d **S**IWÂN "'Welaist ti grogi erioed?"

ALIS "Do, wrth gwrs, *ma dame*, droeon," (tud. 62)

dd **A**LIS "Mae'r milwyr yn sgwâr 'rwan o gwmpas y
crocbren ..." (tud. 64)

e **A**LIS "'Does neb erioed a gydymdeimlodd â phoen.
Ewch bobol i ddawnsio i'r delyn." (tud. 68)

f **A**LIS "F'arglwydd, 'roedd hi'n ifanc ei hysbryd cyn ei
charchar." (tud. 70)

ff **A**LIS "Pythefnos, a'r cwbl ar ben.'Roeddem ni'n dechrau
'nabod ein gilydd." (tud. 71)

g **A**LIS "Nid merch i daeog mohono'i, syr." (tud. 70)

ng **A**LIS "'Doedd ond gwyn eu llygaid i'w weld." (tud. 60)

Pa fath o berson ydy Alis?

1 Edrycha ar y geiriau disgrifio yn 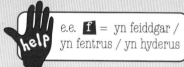 ar dudalennau 11 a 12. Gwna restr o'r rhai sy'n disgrifio Alis. **Dysga nhw.**

2 Darllena'r dyfyniadau yn 🅣 sawl gwaith – yn uchel.

Allan o'r rhestr geiriau disgrifio yn 🅖 ar dudalennau 11 a 12, dewisa eiriau sy'n cysylltu gyda phob un o'r dyfyniadau. **Cofia roi rhesymau dros dy ddewis.**

> 🖐 help   e.e. **f** = yn feiddgar / yn fentrus / yn hyderus

3 Chwilia am dystiolaeth o'r nodweddion isod. Efallai byddi'n dewis dyfyniadau gwahanol.

Alis y forwyn yn gofalu	Alis y ferch ifanc	Alis y sylwebydd
Alis, merch wahanol i Siwan	Alis fusneslyd	Alis feiddgar a hy

Alis y weddw aeddfed

GWILYM BREWYS

(Ei enw Normanaidd – William de Breos)

a	**G**WILYM	"Rhoddaf innau'n awr ferch i'th fab." (tud. 39)
b	**S**IWAN	"'Rwyt ti'n caru perigl ormod;" (tud. 45)
c	**S**IWAN	"'Wela' i monot ti fyth ond yn grymffast o hogyn a glwyfwyd A'i ddal yn garcharor rhyfel a'i ddwyn yma i'w dendio," (tud. 38)
ch	**S**IWAN	"'Rwy'n hoffi'r gwŷr sy'n medru rhoi'u bywyd ar hap A cholli mor siriol â'r gog." (tud. 45)
d	**G**WILYM	" … er yn blentyn Hela, hapchwarae a rhyfel fu f'elfen i;" (tud. 45)
dd	**A**LIS	"O'u gweld nhw fe dd'wedech fod y Penteulu'n mynd i'w grogi A Gwilym Brewys lartsh yn ei dywys i'r grog." (tud. 66)

e **G**WILYM   "Ond cipiais un o'r rhosynnau 'fu dan dy droed
A hwnnw fu 'ngobennydd i'r noson honno,"
(tud. 43)

f **S**IWAN   "Neidiodd i'w dranc gan ddiasbedain f'enw . . ."
(tud. 85)

ff **LL**YWELYN   "Caewch ei geg o, filwyr," (tud. 52)

Pa fath o berson ydy Gwilym Brewys?

1. Edrycha ar y geiriau disgrifio yn  ar dudalennau 11 a 12.
Gwna restr o'r rhai sy'n disgrifio Gwilym Brewys. **Dysga nhw.**

2. Darllena'r dyfyniadau eto sawl gwaith – yn uchel.

3. Allan o'r rhestr geiriau disgrifio yn ar dudalennau 11 a 12,
dewisa eiriau sy'n cysylltu gyda phob un o'r dyfyniadau. **Cofia roi
rhesymau dros dy ddewis.**

e.e.   **c** = yn ifanc / yn garcharor / yn olygus

Ysgrifenna broffil o Gwilym Brewys trwy ateb y cwestiynau:

4. Wyt ti'n meddwl bod arwyddocâd yn y ffaith ei fod wedi galw enw
Siwan wrth farw? Eglura dy syniadau.

5. Pam mae Llywelyn eisiau cau ceg Gwilym Brewys ar ddiwedd
Act 1?

Ei enw Normanaidd?	
Ei oed (yn y ddrama)?	
Oedd e'n briod?	
Beth wyt ti'n wybod am ei ferch Isabella?	
Oedd ganddo dir? Lle?	
Disgrifia ble a phryd y gwelodd e Siwan gyntaf?	
Ble buodd e'n garcharor?	
Ym mha ffordd mae e'n apelio at Siwan?	
Merch graff ydy Alis. Beth ydy ei barn hi amdano?	
Sut faset ti'n ei ddisgrifio?	
Sut cafodd e ei ladd?	

LLYWELYN FAWR

- Mae cymeriad Llywelyn Fawr yn datblygu yn ystod y ddrama.

- Mae'r darlun rydyn ni'n gael ohono ar ddechrau Act 1 yn newid a datblygu erbyn Act 3.

- Ar ddechrau'r ddrama rydyn ni'n creu darlun o Llywelyn TRWY WRANDO AR Siwan, Alis a Gwilym Brewys.

Beth mae Siwan yn awgrymu am ei gŵr wrth siarad ag Alis?

"...Yn bymtheg oed
Mam i dywysog a llysgennad Aberffraw.
Rhoddais fy nghroth i wleidyddiaeth . . ."

(tud. 37)

Beth mae Siwan yn awgrymu am ei gŵr wrth siarad â Gwilym Brewys?

" . . . ond mae ynof i fy hun
Bethau'r wyt ti'n eu deffro sy'n ddychryn imi.
. . . Y pethau sy'n gwneud byw yn chwerw,
Pethau a fu'n fud ac a guddiais i o'm golwg fy hun
. . . am fy mod i yma'n
Alltud, a'm hunig werth yw fy ngwerth i gynnydd gwlad."

(tud. 42)

- Yn Act 1 mae Siwan yn clywed bod Gwilym wedi sôn wrth Hubert de Burgh am ei gynllun i drefnu'r briodas.

- Mae'n ofni y bydd yn dweud wrth Llywelyn.

Dyma sut mae Gwilym Brewys yn ymateb:

"Ped ofnai Llywelyn y gwaethaf, gwladweinydd yw ef,
Fe gadwai ei lid nes cael gen i'r castell ym Muellt, -"

(tud. 46)

Beth mae Gwilym Brewys yn awgrymu am Llywelyn Fawr?

Ar ddiwedd Act 1, yn wynebu Siwan a Gwilym Brewys, mae ymateb Llywelyn yn ddiddorol.

Darllena'r darn yn ofalus.

"I gythraul â'r deyrnas a thithau. Mi gollais fy ngwraig;
Cei dithau golli dy gariad."

(tud. 54)

Ydy dy ddarlun o'r tywysog yn newid? Sut ddarlun sy gen ti ohono erbyn hyn?

Beth sy wedi achosi hyn?

Cofia'r rhestr geiriau disgrifio yn ar dudalennau 11 a 12.

Ymlaen i i weld os wyt ti'n iawn!

Cwestiwn Llywelyn i Alis yn Act 3:

"Onid dyn yw tywysog, ferch?"

(tud.71)

a'i eiriau wrth Siwan:

"'Drawodd o ar dy feddwl di, Siwan,
Y gallai 'mod i'n dy garu fel Gwilym Brewys?"

(tud. 79)

Yna ei eiriau wrth Siwan yn Act 3:

> "I mi 'roedd goleuni lle y troedit.
> Ond mygais fy syfrdandod rhag dy ddychryn ...
> Felly'r addolais i di, fy fflam, o bell ac yn fud,"
>
> (tud. 81)

Darllena araith Llywelyn (tud. 80-81) lle mae'n datgelu llawer am:

- briodas Llywelyn a Siwan

- ei deimladau tuag at Siwan o'r dechrau

- trasiedi mawr yr holl sefyllfa

Mae'r uchafbwynt yn ei eiriau nesaf:

> "Hyn oll a bensaernïais, fy nheml ydoedd i ti,"
>
> (tud. 82)

ac ymateb Siwan:

> "Llywelyn,'wyddwn i ddim,'wyddwn i ddim."
>
> (tud. 82)

1. Ar ddiwedd Act 1, pwy oedd wedi sylweddoli bod Llywelyn yn caru Siwan ei wraig? Sut wyt ti'n gwybod?

2. Wyt ti'n meddwl bod Siwan yn caru ei gŵr? Oes gen ti dystiolaeth?

3. Sut faset ti'n disgrifio teimladau Siwan tuag at Gwilym Brewys?

4. Beth am Gwilym Brewys? Oes tystiolaeth fod Siwan yn arbennig iddo neu oedd e'n dipyn o ferchetwr?

Fydd pawb ddim yn cytuno mae'n siwr.

Cofia, mae angen tystiolaeth i gefnogi dy farn.

THEMÂU

GEIRIAU PWYSIG

adlewyrchu	*(to) reflect*
anrhydedd	*honour*
arwyddocâd	*significance*
arwynebol	*superficial*
cadarn	*strong*
canol oesoedd	*middle ages*
cariad	*love*
cenedlaetholdeb	*nationalism*
cyfrifoldeb	*responsibility*
daliadau	*beliefs*
dewisiadau	*choices*
edmygu	*(to) admire*
godinebu	*(to) commit adultery*
gwrthsefyll	*(to) withstand*
mentro	*(to) risk*
para	*(to) last*
perthynas	*relationship*
rhyfygus	*reckless*
serch ramantaidd	*romantic love/passion*
tanseilio	*undermine*
thema/themâu	*theme/s*
unigrwydd dyn	*loneliness of man*
urddas personol	*personal dignity*

BETH YDY THEMÂU?

> ## THEMÂU – SYNIADAU YN GWEU TRWY'R GWAITH

> ## THEMÂU – YN AML YN ADLEWYRCHU DALIADAU'R AWDUR

> ## THEMÂU CRYF = DRAMA DDA

SERCH RAMANTAIDD

- Perthynas arwynebol tymor byr
- Yn aml yn gwneud pobl yn rhyfygus ac yn barod i fentro

SIWAN   "'Does dim lle i anrhefn serch mewn llywodraeth teulu a gwlad.
Unwaith erioed y gedais i i'm calon ymyrraeth â pholisi." (tud. 41)

GWILYM   "Bydd heno'n ddigon, a heno i mi yw byth," (tud. 46)

Wyt ti'n gallu meddwl am fwy o enghreifftiau o'r ddrama neu destunau/ffilmiau eraill?

CARIAD

- Perthynas gadarn
- Yn adeiladu ar gyfer dyfodol teulu
- Yn para ac yn gwrthsefyll popeth

LLYWELYN "I mi 'roedd goleuni lle troedit.
Ond mygais fy syfrdandod rhag dy ddychryn ..."

(tud. 81)

Geiriau Bet yn y ddrama *Cymru Fydd* gan Saunders Lewis:

"Dyna'r pris. Nid pris chwaith. Cusan bywyd." (tud. 59)

Wyt ti'n gallu meddwl am fwy o enghreifftiau o'r ddrama neu destunau/ffilmiau eraill?

■ Wyt ti'n cael yr argraff fod Siwan yn unig?

■ Oes awgrym fod pobl yn gyffredinol ddim yn adnabod ei gilydd yn hollol?

SIWAN "'Does dim allwedd i galon;
'Does neb ar y ddaear yma'n deall ei gilydd;" (tud. 83)

SIWAN "Mi garwn i'm hesgyrn gael pydru yno heb neb." (tud. 88)

Wyt ti'n gallu meddwl am fwy o enghreifftiau o'r ddrama neu destunau/ffilmiau eraill?

Y DEWISIADAU MEWN BYWYD

■ Mae'r dewisiadau rydyn ni'n wneud yn ein bywydau yn bwysig.

Ddewisodd Siwan briodi?
Ddewisodd hi odinebu?
Ddewisodd Llywelyn grogi Gwilym?
Ddewisodd Gwilym neidio yn y diwedd?
Sut mae Siwan yn dewis cael ei chladdu?

Wyt ti'n gallu meddwl am fwy o enghreifftiau o'r ddrama neu destunau/ffilmiau eraill?

CENEDLAETHOLDEB

CARIAD TUAG AT WLAD A CHENEDL

■ Edrycha am enghreifftiau o gariad cryf Llywelyn a Siwan at Wynedd a Chymru a'u hymdrech galed i sicrhau dyfodol llwyddiannus yn etifeddiaeth i Dafydd.

Dyma un enghraifft yng ngeiriau Siwan:

"Mi hoffwn ddal mab fy mab, etifedd Llywelyn, Uwchben y bedyddfaen yn goron ar waith fy oes." (tud. 39)

Wyt ti'n gallu meddwl am fwy o enghreifftiau o'r ddrama neu destunau/ffilmiau eraill?

URDDAS PERSONOL / *NOBLESSE OBLIGÉ*

■ Cyfrifoldeb rhai pobl:

rhoi esiampl
cadw urddas a safonau uchel
dangos dewrder
bod yn anrhydeddus

"Llywyddu o'r gadair..." (tud. 35)
"...A cholli mor siriol â'r gog." (tud. 45)
"A Gwilym Brewys lartsh..." (tud. 66)
"Gwleidydd wyf fi,'cheisiais i mo'r amhosib,
'Roedd dy gywirdeb di'n ddigon." (tud. 82)

Pwy sy'n siarad a beth mae'r geiriau yn awgrymu? Wyt ti'n credu bod mwy o gyfrifoldeb ar rai nag eraill?

Wyt ti'n gallu meddwl am gyfeiriadau eraill at hyn yn y ddrama neu mewn testunau/ffilmiau eraill?

GWRTHDARO
(conflict)

Yn aml mewn drama mae gwrthdaro rhwng:

POBL/CYMERIADAU

SYNIADAU

GWERTHOEDD

PWRPAS GWRTHDARO MEWN DRAMA?

CREU CYFFRO

CREU TENSIWN

PWYSLEISIO PWYNT

CREU CYMERIADAU LLAWN

CREU UCHAFBWYNT

1   Sonia am y gwrthdaro rhwng y cymeriadau isod.
Cofia bydd rhaid i ti feddwl am:
PRYD? PAM? + TYSTIOLAETH!

Siwan a Llywelyn
Gwilym a Llywelyn
Siwan ac Alis
Llywelyn ac Alis
Cymru a Lloegr
Hubert de Burgh a Llywelyn a Siwan

"ar un llaw ... ar y llaw arall ..."
"er bod ... mae ... ")

GWRTHGYFERBYNIAD
(*contrast*)

Pan mae pobl/cymeriadau yn wahanol iawn i'w gilydd o ran:

CEFNDIR
SYNIADAU
CENEDL
NATUR
OED

Mae hyn yn gallu creu:

TENSIWN
CYFFRO
DRAMA DDA

- Mae gwrthgyferbyniad yn pwysleisio safbwyntiau a daliadau gwahanol
- Mae gwrthgyferbyniad yn helpu'r darllenydd i ddeall a dod i gasgliad
- Mae gwrthgyferbyniad yn gwneud y ddrama'n fwy diddorol

1. Wyt ti'n gallu meddwl am enghreifftiau eraill yn y testunau neu'r ffilmiau rwyt ti wedi eu hastudio?

Ym mha ffordd mae'r cymeriadau yma yn debyg neu/ac yn wahanol i'w gilydd?

ENWAU	TEBYG	ANHEBYG	TYSTIOLAETH
Siwan ac Alis			
Siwan a Llywelyn			
Llywelyn a Gwilym Brewys			
Siwan a Gwilym Brewys			
Alis a Llywelyn			

ADRAN 6

SYMBOLAETH / DELWEDDAU

Beth mae'r symbol yma yn ei olygu i ti?

- Dydy awdur ddim yn gallu defnyddio lluniau.
- Mae awdur yn creu symbol gyda geiriau.
- Mae awdur yn gallu awgrymu rhywbeth trwy symbolaeth ac yn aml mae'n fwy effeithiol.

Beth mae geiriau Siwan yn awgrymu i ti?

"A'r goron drom ar fy mhen?
A'r wisg arian fawr fel pabell o'm cwmpas?" (tud. 35)

Dyma gliwiau i ti:

(CORON FAWR) = (TRWM) = (EI CHYFRIFOLDEB /PWYSAU)

(GWISG ARIAN FAWR) = (YN EI CHYFYNGU HI) = (DIM RHYDDID)

1. Beth ydy arwyddocâd rhoi'r goron yn ôl ar ei phen ar ddiwedd y ddrama?

2. Darllena'r dyfyniad nesa a chwestiwn Siwan i Gwilym Brewys:

   "'Weli di'r lleuad ar ei gwendid
   Yn machlud dros fforest Môn ...?" (tud. 47)

Dilyna di'r un patrwm.

LLEUAD = golau = ---------------- ? ----------------

MACHLUD = tywyllwch = ------------- ? -------------

3 Beth sy'n digwydd nesa yn y ddrama? Darllena'r dyfyniad nesa:

"'Glywi di sŵn yn y pellter fel carlamu meirch?" (tud. 47)

Ydy hyn yn awgrymu bod eu hapusrwydd yn dod i ben? Pam wyt ti'n dweud hynny?

4 Ydy'r dechneg o ddefnyddio symbolaeth yn gwella'r ddrama? Defnyddia enghreifftiau o'r ddrama a thestunau/ffilmiau eraill.

EIRONI

- Dydy'r llefarydd ddim yn sylweddoli'r eironi yn ei eiriau/ei geiriau.

- Daw'r darllenydd ar draws eironi yn aml ar ôl darllen y testun sawl gwaith.

Darllena'r dyfyniad o'r ddrama *Cymru Fydd* gan Saunders Lewis lle mae Bet yn dweud eu bod:

"Fel pobol yn aros i rywun farw, ac yn clebran." (tud. 61)

Pan mae Bet yn dweud y geiriau dydy hi ddim yn gwybod y bydd ei chariad Dewi yn lladd ei hun yn y munudau nesa.

Mae eironi'n gallu creu:

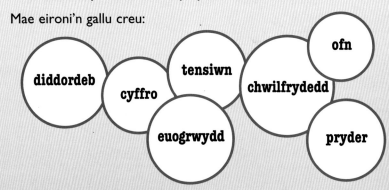

diddordeb   cyffro   tensiwn   euogrwydd   chwilfrydedd   ofn   pryder

Mae'n cyfoethogi'r ddrama

Mae'n codi safon y ddeialog

Mae'n tynnu'r darllenydd a'r gynulleidfa i mewn i'r stori

cyfoethogi	*(to)* enrich
codi safon	*(to)*raise the standard

37

1 Darllena'r dyfyniad nesa – geiriau Alis wrth Siwan yn Act 1.

"Mi daflwn i faich brenhines
Ar noswyl Glamai fel hon." (tud. 37)

Beth mae Alis yn awgrymu? Eglura'r eironi.

2 Darllena'r dyfyniad nesa ac ymateb Siwan:

"'Wyddost ti ddim be' 'rwyt ti'n ei ddweud.
Cymer dy ganwyll a dos i'th stafell a'th wely." (tud. 37)

Beth ydy effaith yr eironi?

(**ar Siwan?**)   (**arnat ti?**)

a S_{IWAN}   "Gwnaf, mi ddawnsiaf ym mhriodas Dafydd."
(tud. 35)

b A_{LIS}   "Pan edrycha' i ar Wilym Brewys,
Mor ifanc a hoyw a chwerthinog,
Ail Trystan y gwela' i ef..." (tud. 36)

c S_{IWAN}   "Paid â'm dychryn i heno, Gwilym. Cystal iti
ddweud
Fod Llywelyn yn fy ngharu i fel ti." (tud. 41)

ch G_{WILYM} Mae dawn dychwelyd annhymig ganddo
druan." (tud. 44)

d S_{IWAN}   "'Oes rhyw newid i fod ar fy myd?" (tud. 56)

1 Ym mha ffordd mae'r eironi yn y dyfyniadau yn yn effeithiol?

pwysleisio'r trasiedi / tristwch – *(to) emphasise the tragedy/ sadness*
cryfhau'r ystyr – *(to) strengthen the meaning*
dwyshau'r ystyr – *(to) intensify the meaning*
codi'r tensiwn – *(to) raise the tension*
creu awyrgylch – *(to) create atmosphere*

2 Yn dy eiriau dy hun, yn fyr, rho amlinelliad o chwedl Trystan ac Esyllt.

3 Wyt ti'n gallu meddwl am enghreifftiau eraill o eironi mewn testunau/ffilmiau eraill?

rho amlinelliad   *give an outline*

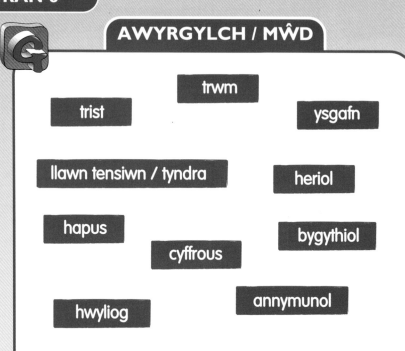

AWYRGYLCH / MŴD

trwm

trist

ysgafn

llawn tensiwn / tyndra

heriol

hapus

bygythiol

cyffrous

annymunol

hwyliog

rhamantus

mawreddog

SUT MAE CREU AWYRGYLCH /MŴD?

a

RHYTHM

hyd y llinellau

seibiau yn y ddeialog

ailadrodd

defnydd o iaith arall

cyflythreniad (*Golwg ar farddoniaeth, tud. 24*)

Darllena eiriau cyntaf Clov yng nghyfieithiad Gwyn Thomas o *Fin de Partie – Diwéddgan*:

(*Edrychiad llonydd, llais di-liw*) "Ar ben, mae hi ar ben, mae hi bron ar ben, efallai y bydd hi ar ben." (tud. 4)

1. Beth ydy effaith yr ailadrodd yn y dyfyniad uchod?

2. Edrycha am enghreifftiau o ieithoedd eraill yn *Siwan* a thestunau eraill. Sut mae hyn yn effeithio ar yr awyrgylch?

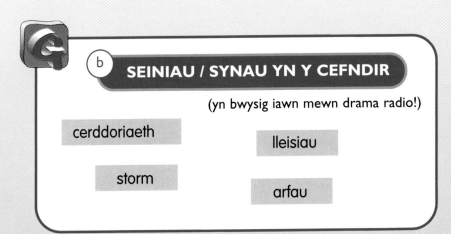

b SEINIAU / SYNAU YN Y CEFNDIR

(yn bwysig iawn mewn drama radio!)

cerddoriaeth

lleisiau

storm

arfau

Yn nrama Gwenlyn Parry *Y Tŵr* mae'r ferch yn dweud:

"Ma' rwbath neis mewn sŵn trên yn bell yn y nos!"
(tud. 28)

1. Chwilia am enghreifftiau yn y ddrama *Siwan*.
Gwna restr ac eglura pam maen nhw'n bwysig.

2. Meddylia am agoriad y ffilm *Hedd Wyn*. Beth sy'n creu awyrgylch arbennig?

golau cannwyll / tân

golau llusern

golau lleuad / mellt

golau'n diffodd

Darllena'r cyfarwyddyd o gyfieithiad Saunders Lewis o waith Samuel Beckett – *Wrth Aros Godot*:

(Mae'r golau'n darfod. Mae hi'n nos. Cyfyd y lloer a throchi'r olygfa â'i gwawl.)

| cyfarwyddyd | *instruction* |

1   Yn y ddrama *Siwan*, ym mha ffordd mae golau'r lleuad / lloer a'r llusernau'n creu awyrgylch?

2   Sut mae'r goleuo yn effeithiol yn y ffilm *Hedd Wyn*?

(ch) **Y SET**

lliwiau arbennig

lleoliad

props traddodiadol neu fodern

42

Darllena rai o'r cyfarwyddiadau ar gyfer Act I yn y ddrama *Y Tŵr* gan Gwenlyn Parry:

"Ystafell mewn tŵr cylchog … grisiau eraill yn troelli i fyny … Nid oes dodrefn … dim ond darnau symudol … (ciwb, bocs hirsgwar etc.) … golau gwyrdd … cryfheir miwsig … synau haniaethol … arallfydol."

(tud. 13)

1 Ysgrifenna gyfarwyddiadau dychmygol ar gyfer llofft y tŵr lle bu Siwan yn garcharor am flwyddyn.

d **YMDDANGOSIAD Y CYMERIADAU**

yn gyfoes

mewn gwisg cyfnod

eu hymddygiad

Darllena'r dyfyniad allan o *Cymru Fydd* gan Saunders Lewis a geiriau tad Dewi:

"Mae o ar y to! Ar ymyl y to! Heb wisgo!"

(tud. 68)

1 Gorffenna di'r frawddeg nesa.

Mae'r toriadau yn y frawddeg ac ymddangosiad Dewi'n creu awyrgylch …….. .

2 Ym mha ffordd mae ymddangosiad ac ymddygiad y cymeriadau yn ychwanegu at awyrgylch y ffilm *Solomon a Gaenor*?

43

a **A**LIS   "'Roedd y galiard yng ngolau'r lleuad a'r llusernau
Fel dawnsio hud a lledrith tylwyth teg." (tud. 35)

b **S**IWAN   *(... Clywir cyfarth ci mawr beth ffordd oddi wrthynt.)*
"Beth oedd hwnna?" (tud. 48)

c **LL**YWELYN   "Rhwygwch y llenni ... Dyma fo ...
Deliwch o, rhwymwch ei ddwylo ..." (tud. 50)

ch **G**WILYM   "Siwan, fy rhoddwr mawr, mae'r canhwyllau 'ma'n
darfod ..." (tud. 49)

d **Y** DORF   "Angau iddo...
I'r crocbren â'r Brewys ..." (tud. 64)

dd **C**ÔR   *"Omnes sancti Pontifices et Confessores orate pro eo."*
(tud. 64)

e **A**LIS   "Rhois i iddo gwpanaid o lefrith poeth o deth yr afr
A chael cusan llaethog yng nghanol chwerthin milwyr."
(tud. 71)

f **S**IWAN   "Llywelyn, 'wyddwn i ddim, 'wyddwn i ddim." (tud. 82)

ff **LL**YWELYN   "Fy nhywysoges, 'rwy'n dy goroni di ·
Â thalaith Aberffraw. Rhoddaf fy neheulaw iti," (tud. 88)

1. Sonia am yr awyrgylch/mŵd yn y dyfyniadau yn a
disgrifia'r dechneg.
e.e. Yn **dd** mae'r awyrgylch yn drwm a chrefyddol
achos mae'r côr yn llafarganu geiriau Lladin.

2. Sut faset ti'n egluro pwysigrwydd creu awyrgylch mewn
unrhyw destun? Dewisa enghreifftiau o destunau /
ffilmiau eraill i gefnogi dy farn.

IAITH A THECHNEG

Mae arddull y ddeialog yn gallu bod yn:

ffurfiol

llafar / mewn tafodiaith

llenyddol / yn swnio fel barddoniaeth

llawn rhythm

llyfn

Darllena'r dyfyniadau o agoriad tair drama wahanol:

a

Bryn: Gŵ on …pelan arall iddo fo dan ei drwyn, Bryn bach … Esu, mae o'n ei leinio fo … Lefftan arall iddo fo …

Guto: Be' ydi dy gampau di rŵan, Bryn bach?

Bryn: Practeisho cwffio, dw i, Guto. Does wybod pryd daw o'n handi imi."

(*Traed Rhydd* – Myrddin ap Dafydd, tud.9)

b

Dora: Tan-y-fron dau-tri-saith … Nac ydy … Mae'r gweinidog newydd fynd i'r seiat … Bydd, mi fydd yn ôl yma ymhen rhyw awr …Beth? …Ydw i ar fy mhen fy hun? …Ydw, ar y funud.

(*Cymru Fydd* – Saunders Lewis, tud.9)

c

Alis: Dyna'r wisg arian yn rhydd o'r diwedd, *ma dame*; Fe'i dodaf ar unwaith yn y gist.

Siwan: A'r goron yma gyda hi, Alis … Pa awr o'r nos yw hi?

(*Siwan* – Saunders Lewis, tud.34)

1 Ydy arddull y dyfyniadau yn dy helpu i weld yr olygfa ac adnabod y cymeriadau? Sut mae hyn yn digwydd?

TECHNEGAU SY'N CYFOETHOGI'R ARDDULL

ailadrodd

cyflythreniad

gosodiadau diarhebol

"Lle mae dynion mae uffern."

(geiriau Dewi yn y ddrama *Cymru Fydd* gan Saunders Lewis)

1 Pa un o'r technegau mae'r awdur yn ddefnyddio? Beth ydy'r effaith?

2 Chwilia am enghreifftiau tebyg yn *Siwan*. Sut maen nhw'n cyfoethogi'r arddull?

TECHNEGAU SY'N HELPU'R DYCHYMYG

(Rhoir sylw i'r technegau hyn yn *Golwg ar farddoniaeth*)

trosiadau

delweddau

cyffelybiaethau

ansoddeiriau / disgrifiadau effeithiol

"Fel yna mae gwasgu grawnwin bywyd a phrofi
Ias y blas ar daflod y genau'n llawn."
Geiriau Gwilym Brewys yn *Siwan* (tud. 45)

1. Pa un o'r technegau a ddefnyddir yn y dyfyniad? Beth ydy'r effaith? Dylet allu blasu'r grawnwin!

2. Chwilia am enghreifftiau o'r technegau eraill yn y ddrama a thestunau eraill. Ceisia egluro sut maen nhw'n dy helpu i weld a deall y darluniau.

3. Wedi darllen yr adran olaf yma sut faset ti'n mynd ati i drafod arddull *Siwan*? Cofia ddefnyddio enghreifftiau i gefnogi dy farn.

LLYFRYDDIAETH

ap Dafydd, Myrddin, *Traed Rhydd*, Gwasg Carreg Gwalch, 1987

Jones, John Gwilym, *Y Tad a'r Mab*, Gwasg Gomer, 1970

Lewis, Saunders, *Cymru Fydd*, Gwasg Dinefwr, 1967

Lewis, Saunders, *Siwan a Cherddi Eraill*, Gwasg Dinefwr, 1976

Lewis, Saunders (cyf), *Wrth Aros Godot*, Gwasg Prifysgol Cymru, 1970

Parry, Gwenlyn, *Y Tŵr*, Gwasg Gomer, 1979

Thomas, Gwyn (cyf.), *Diwéddgan*, Gwasg Prifysgol Cymru, 1969